SOCIÉTÉ LIBRE D'AGRICULTURE
SCIENCES, ARTS ET BELLES-LETTRES DE L'EURE
Section de Bernay

LES
SEIGNEURS DE MÉLICOURT
ET LEURS ALLIANCES

PAR

M. l'Abbé A. Baboin

CURÉ DE MÉLICOURT

MEMBRE DE LA SOCIÉTÉ LIBRE DE L'EURE

BRIONNE

Imprimerie E. AMELOT

1904

LES SEIGNEURS DE MÉLICOURT

ET

LEURS ALLIANCES

Travail lu à la Société libre de l'Eure dans les séances du 31 octobre 1903 et du 6 février 1904, tenues sous la présidence de M. le Duc de Broglie.

Société libre d'Agriculture
Sciences, Arts et Belles-Lettres de l'Eure
Section de Bernay

LES
SEIGNEURS DE MÉLICOURT
ET
LEURS ALLIANCES

PAR

M. l'Abbé A. Baboin

Curé de Mélicourt

MEMBRE DE LA SOCIÉTÉ LIBRE DE L'EURE

BRIONNE

Imprimerie E. AMELOT

1904

Monsieur le Président,
Messieurs,

Il y a dans toute carrière un instant plus critique que tout autre, c'est le commencement, ce sont les premières armes. Le soldat qui voit le feu pour la première fois sent son âme tressaillir, il sait que la victoire dépend de son courage, et que pour lui c'est déjà la gloire. Le petit historien qui livre au public son premier travail a les mêmes appréhensions; chez l'un comme chez l'autre, toute la vie porte le souvenir du premier combat ou du premier écrit, et l'un comme l'autre, ils associent à leur bonheur, et se souviennent toujours des chefs ou des maîtres qui les ont conduits à la victoire, et des compagnons d'armes ou des amis qui les ont soutenus de leurs exemples ou de leurs conseils.

C'est vous dire, messieurs, que je me sens quelque peu impressionné aujourd'hui, en vous livrant mes premières paroles, heureux toutefois de me savoir soutenu par votre bienveillance et par vos encouragements. Un discours de réception devrait être un programme, mais vous le savez comme moi la jeunesse ne s'embarrasse pas dans les formes, c'est pourquoi dès aujourd'hui même, je vais vous offrir le fruit de mes premiers travaux. C'est à l'œuvre que l'on connaît l'ouvrier, et j'ajoute, pour m'excuser, *fabricando fit faber ;* je traduis comme le dicton, c'est en forgeant que l'on devient forgeron.

L'œuvre que j'ai entreprise et que j'espère mener à bonne fin, porte principalement sur les Seigneurs de Mélicourt et leurs alliances. Les documents manuscrits que j'ai trouvés chez M. Laîné, propriétaire actuel de l'ancien domaine seigneurial de la Beltière, sont très nombreux, il y a près de onze cents feuillets.

On comptait à Mélicourt plusieurs domaines seigneuriaux. Parmi eux se trouvaient la Beltière, la Pillette, Lassier, la Coiplière qui vous est déjà connue par Louis Boivin de Montreuil son possesseur au xvii⁰ siècle, et le Chêne-Haute-Acre qui à lui seul, à cause de son anc:enneté et de son importance, mériterait bien notre attention et nos recherches.

Les trois premiers fiefs nous occuperont particulièrement, parce qu'ils ont été possédés par les familles dont nous avons entrepris l'histoire. Un mémoire émanant de Langlois de Louvres, avocat au Parlement de Rouen, et portant la date du 5 mars 1775, nous dit que la terre de la Beltière était noble et avait beaucoup de rotures, tandis que la terre de la Pillette était une roture qui n'avait qu'un manoir ; il en était de même du fief de Lassier.

Entre les années 1760 et 1769, Charles-Louis Agis de Mélicourt, seigneur de St-Denis-d'Augerons, se présenta pour être reçu Chevalier de l'ordre de Malte. Les statuts de l'association exigeaient sans doute que le postulant soit noble de famille et cela jusqu'à ses trisaïeuls tant paternels que maternels, car Charles-Louis Agis dressa à cette époque une liste de ses ancêtres, en mentionnant leurs actes de Baptême, leurs contrats de mariage, leurs titres de noblesse, et les principales actions de leur vie. Au-dessus de ces huit trisaïeuls, le même seigneur établit la généalogie de son père et de sa mère, jusqu'au commencement du xv⁰ siècle ; cependant, comme je n'ai pu vérifier sur d'autres pièces, ses affirmations, je vous livre aujourd'hui les documents certains seuls. Nous nous trouvons donc en présence de huit personnes, quatre trisaïeuls paternels et quatre trisaïeuls maternels.

Les quatre premiers étaient : Louis Agis de Mélicourt, Gui de Bonnechose, Christophe d'Aureville, Pierre Mauduit de St-Simon. Les seconds se nommaient Richard Périer de la Génevraye, Jacques des Londes, Jacques de Grieu de la Fontaine, Roger Gislain de Grennes. Ces seigneurs quoique faisant partie de la basse noblesse, seront pour nous l'occasion d'études assez étendues sur les seigneuries de notre contrée. Nous ne nous occuperons aujourd'hui que des trois premiers.

1⁰ Louis Agis de Mélicourt était trisaïeul direct du seigneur qui fut vers 1770 auteur de la généalogie que nous étudions ; il épousa damoiselle Hélène de la Vève. Son contrat de mariage est du 26 octobre 1644. Il rendit un aveu au comte de

Bourg-Achard le 30 octobre 1658 et se fit donner le 4 may 1665 une confirmation de sa généalogie.

Il eut un fils nommé Louis Agis qui épousa Renée de Bonnechose ; son contrat de mariage est du 29 janvier 1680. Il reçut la bénédiction nuptiale en février de la même année ; le 22 may 1691 il rendit aveu au comte de Bourg-Achard sans doute pour renouveler celui que son père avait fait au même en 1658.

Louis Agis, second du nom, eut un fils qui fut nommé Louis Agis, troisième du nom, le 29 avril 1697. Il épousa Margueritte Renée d'Auréville. Le contrat de mariage fut passé à Montreuil le 7 janvier 1730, et le mariage se célébra le 6 février de la même année. Nous trouvons encore son nom dans un acte émané de la cour du Parlement de Rouen à la date du 10 septembre 1765, comme aussi dans deux sentences rendues pour les mêmes faits, l'une le 24 juillet 1766, l'autre le 4 juillet 1770.

Son fils, Louis-Pierre Agis, fut baptisé le 22 may 1733, il passa contrat de mariage avec damoiselle Louise-Anne Périer de la Génevraye le 15 juin 1756. La célébration du mariage eut lieu le 25 juin suivant. Le nom de Louis-Pierre Agis est en outre mentionné dans une sentence du Bailli de Laigle à la date du 23 juin 1772, et dans un autre acte de la même année (1). De son mariage il eut Charles-Louis Agis, né le 22 septembre 1760.

Si nous en croyons la généalogie dressée par ce dernier, ces Agis de Mélicourt devenus seigneurs de St-Denis seraient les descendants directs des de Mélicourt qui nous sont connus par des actes du xv⁰ siècle (2) et par la pierre tombale conservée dans l'église de Mélicourt, car il y est fait mention de Guillaume Agis de Mélicourt vivant en 1450, or nous savons d'autre part que Jehan de Mélicourt, mort en 1459, avait un fils nommé Guillaume, auquel Jean II de Trousseauville rendit un aveu en

---

(1) Un acte du 25 may 1772 le désigne comme seigneur de S¹-Denis. Dans cet acte une rente lui est rendue par les seigneurs de la Beltière.

(2) Un Jean de Mélicourt, au xv⁰ siècle, possédait la moitié du fief de Chennebrun.

1490 pour Chennebrun le Français (1), c'est un point obscur que nous aurons le bonheur d'éclaircir.

- Le 2e trisaïeul de Charles-Louis Agis était Gui de Bonnechose. D'après le document qui sert de base à notre travail, il épousa une damoiselle Suzanne de Bonnechose. Ils eurent une fille qui, comme nous l'avons vu plus haut, épousa Louis Agis de Mélicourt seigneur de St-Denis et second du nom.

Le 3e trisaïeul de Charles Agis était Christophe d'Aureville qui épousa le 24 janvier 1645 une demoiselle Margueritte Le Prévost. Les manuscrits que nous avons entre les mains nous ont donné des renseignements très précis sur la famille Le Prévost ; nous serons heureux de vous les faire connaître. De son mariage avec Margueritte Le Prévost, Christophe Daureville eut un fils, François d'Aureville, baptisé le 5 décembre 1658. Voici l'acte tel qu'il était consigné sur les registres des baptêmes et mariages de la paroisse de St-Ouen de Mélicourt, diocèse d'Evreux, élection de Bernai, année 1658.

« Le cinquième jour de décembre mil six cent cinquante
« huit, fut baptisé François d'Aureville, fils de Christophe
« d'Aureville et de Damoiselle Margueritte Le Prévost, père
« et mère de l'enfant, et fut nommé par François Le Prévost
« escuyer seigneur de Préaux, et Marie d'Aureville fille de mr
« de la Pillette, sa tante, parrain et marraine. Cet acte fut
« fidèlement copié sur l'original par nous curé soussigné le
« 5 avril mil sept cent quatre-vingt-six. Signé : Mesnil de la
« Haye curé de Mélicourt. »

François d'Aureville épousa damoiselle Anne Mauduit de St-Simon. Son contrat de mariage est du 4e jour de février mil six cent quatre-vingt-dix : il fut passé :

« Après midi au logis de Mr de St-Simon, devant Claude
« Coullin et Antoine Périer notaires garde nottes royaux en la
« ville et vicomté de Verneuil et ressort, françois de la Tour
« Grize dudit Lieu. Furent présents en leurs personnes Fran-
« çois d'Aureville escuier sieur de la Beltière demeurant pa-

---

(1) D'autre part bien qu'étant seigneurs et Patrons de St-Denis d'Augerons, ils ont conservé dès le temps le plus reculé le nom de de Mélicourt qu'ils ajoutaient au nom d'Agis, cela nous montre bien que leur famille était originaire de Mélicourt et y avait tenu une si grande place que le titre leur en était resté.

« roisse de Mélicourt, fils de Christophe d'Aureville escuyer et
« sieur de la Pillette et de Dame Margueritte Le Prévost,
« pour luy et en son nom d'une part, et Damoiselle Anne
« Mauduit demeurante paroisse de St-Jean dudit Verneuil fille
« de Pierre Mauduit escuyer et sieur de St-Simon conseiller
« du Roy receveur des tailles de l'Election de Verneuil sei-
« gneur de Loysel, Montizambert (....) et autres lieux; et de
« Dame Marie Forcadel ses père et mère d'autre part. Les-
« quelles parties et en la présence et du consentement de leurs
« parents et amis cy-après nommés, scavoir : de la part dudit
« sieur de la Beltière dudit sieur son père et ladite Dame sa
« mère et de Messieur de Thiesse chevallier seigneur de Mont-
« fort, La Harillière, les Essards et autres lieux et dame Ma-
« delaine Carré son épouse, Jacq du Chapeley escuyer et sieur
« de la (Charmoux) seigneur du Lieu, parents et amis dudit
« sieur futur époux ; et de la part de ladite damoiselle Anne
« Mauduit, du dit sieur de St-Simon son père et de ladite
« dame Forcadel sa mère, de Jacques Mauduit escuyer sieur
« de Loysel aussi conseiller du Roy receveur des tailles en
« ladite élection de Verneuil, de François Mauduit sieur de
« Montizambert son frère, et de Louis de Bucaille sieur de
« (Beaunaux) conseiller du Lieutenant général civil et crimi-
« nel en l'élection et grenier à sel de Verneuil et Damoiselle
« Agnès Mauduit son épouse, Anne Alorge chevalier seigneur
« de Malicorne (1) et Dame Agnez Mauduit et Damoiselle
« Jeanne Mauduit sa sœur, ont reconnu et confessé avoir fait
« et accordé ensemble le traité et convention de mariage.
« C'est ascavoir que ledit sieur de la Beltière et ladite damoy-
« selle Mauduit Anne, promis et promettent réciproquement
« se prendre l'un et l'autre par (nom) foy et loi de mariage et
« iceluy faire célébrer solenniser en face de notre mère Sainte
« Eglise catholique apostolique et romaine et sous la licence
« d'icelle le plustôt que faire se pourra ».

L'acte mentionne ensuite les donations réciproques des deux
futurs époux et le contrat fut signé « en présence de maistre
« Jean Prévost et Louis (Billette) demeurant à Verneuil. Té=
« moins qui ont signé avec les parties et nous notaire : Daure-

---

(1) Ancienne paroisse située entre Bourth et Francheville canton de Breteuil.

« reville, Anne Mauduit, La Pillette Daureville, Margueritte
« Leprévost, Mauduit de St-Simon, Mr Forcadel, de Thiesse de
« Montfort, Madelaine Carrey, de Bucaille, A. Mauduit, Mau-
« duit de Loysel, le sieur Alorge, de Malicorne, Ag1ez Mau-
« duit, Jeanne Mauduit, le Charmoux, (Billette), Coullin et
« Périer, avec paraphe ».

Le mariage fut célébré le même mois de Février et la même année, un extrait du Registre des baptêmes, mariages et sépultures de la paroisse de Saint-Jean-de-Verneuil-au-Perche, paroisse aujourd'hui disparue, en fait mention ainsi qu'il suit :

« Février 1690. Le cinquième jour de Février fut célébré le
« mariage d'entre noble personne François d'Aureville, escuyer,
« sieur de la Beltière, fils de Christophe d'Aureville, escuyer,
« sieur de la Pillette et de Vaux, Margueritte Le Prévost, ses
« père et mère, de la paroisse de Mélicourt, et damoiselle
« Anne Mauduit, fille de Pierre Mauduit, escuyer, sieur de
« Saint-Simon, seigneur de Loisont, (Thevalburay) Montizam-
« bert et autres Lieux, conseiller du Roy, receveur des tailles
« en l'élection de Verneuil, et de Dame Marie Forcadel, son
« épouse, ses père et mère, de cette paroisse, présence de
« Christophe d'Aureville, père du dit époux, de Pierre Mau-
« duit de St-Simon, père de la ditte espouze, Messire (Adrien)
« de Thiesse, chevallier, seigneur de Montfort et autres terres,
« Anne Allorge, seigneur de Malicorne et autres qui ont signé
« au présent registre.

« Nous soussigné curé de St-Jean-de-Verneuil-au-Perche,
« diocèze d'Evreux, certifions l'extrait ci-dessus véritable pour
« l'avoir tiré mot à mot du registre sans y avoir ajouté ni di-
« minué. En foy de quoi nous avons délivré le présent et signé
« à Verneuil ce vingt-six avril mil sept cent quatre-vingt-six.
« Signé : Cimetière, curé de St-Jean. »

Nous trouvons encore le nom de François d'Aureville dans trois actes importants pour notre travail. Le 1er porte la date du 15 août 1695, il émane du Marquis de Beuvron, chevalier des ordres du Roy, lieutenant général de ses armées et au gouvernement de Normandie. En voici la teneur :

« Certifions que le sieur d'Oreville la Pillette de l'élection de
« Bernay s'est rendu à nos ordres sur la côte pour le service
« du Roy et que nous l'avons renvoyé avec les autres à Ber-
« nay pour y tenir quartier jusqu'à nouvel ordre, et en cette

« considération nous l'avons dispensé d'être du détachement
« de l'année prochaine à moins qu'il n'y ayt occasion de convo-
« quer générallement toute la noblesse. Fait à Dieppe ce quinze
« août mil six cent quatre-vingt-quinze. Signé : Beuvron.

Le 2ᵉ acte donné par le même marquis de Beuvron certifie
« à toutes personnes qu'il appartiendra que le sieur d'Aureville
« la Pillette est du nombre des gentil-hommes et autres du
« Baillage d'Évreux, qui sont actuellement assemblez en cette
« ville de Dieppe pour le service de sa majesté, suivant ses
« ordres et les nôtres, en conséquence dont nous lui avons
« accordé le présent qu'il nous a requis pour lui valoir ou be-
« soin sera. Fait à Dieppe ce xxxᵉ jour de may mil six cent
« quatre-vingt-treize. Signé : Beuvron.

Le 3ᵉ acte est du marquis de Vins, lieutenant de la seconde
compagnie des mousquetaires du Roy, lieutenant général de
ses armées, gouverneur de Brouage. Il certifie « avoir donné
« congé à M. de la Pillette, l'un des mousquetaires de la dite
« compagnie, pour aller chez lui vacquer à ses affaires jusqu'à
« nouvel ordre ». Ce certificat signé Vins est daté du vingt
« septembre, année mil sept cent neuf.

Le 1ᵉʳ janvier 1711, il signe un acte de vente, il mourut peu
de temps après car nous trouvons une acquisition faite par sa
veuve en 1718, d'une petite maison sise au bourg de Mélicourt
et appartenant à Charles Ruault de la Roussière.

François d'Aureville eut cinq enfants, Margueritte-Renée
d'Aureville, qui épousa le 6 février 1730 Louis Agis, troisième
du nom, Anne d'Aureville, Françoise d'Aureville, François
d'Aureville et Pierre Christophe (1) qui eut le fief noble de la
Beltière par préciput, ce dernier (2) eut quatre enfants, le premier naquit en 1731, le vingt octobre et fut baptisé à Mélicourt
par messire Froville, curé ; il eut pour parrain François Mal-
lard, seigneur du Mesnil-de-Saint-Pierre, et Françoise d'Aureville, sa tante, fut sa marraine. Il fut nommé François-
Christophe d'Aureville. Nous connaissons les grandes lignes de
sa vie par un état de ses services qu'il envoya à Paris le 23

---

(1) Acte de baptême extrait des registres de Mélicourt.

(2) Marié à Marie-Denize de Malon à Paris, paroisse St-Louis, Isle Notre-Dame, le 2 décembre 1724.

août 1790, à l'effet d'obtenir un supplément de pension. En voici le texte :

« François-Christophe d'Aureville, demeurant à Saint-Ouen-
« de-Mélicourt, près Montreuil-l'Argilley, né en 1731, le 20
« octobre, j'ai rendu des services publics à l'Etat, en qualité
« d'enseigne, de lieutenant, de capitaine et de capitaine-com-
« mandant. Je suis entré au service le 1ᵉʳ novembre 1747, j'en
« suis sorti le tre'zième jour de may 1781, forcé de quitter à
« cause de ma mauvaise poitrine qui ne me permettait plus
« le commandement de ma troupe. A l'époque de ma retraite,
« j'ai obtenu une pension de 800 livres. Le traitement dont je
« jouissais en activité de service était : enseigne, 24 l. par
« mois, lieutenant, 33 l. par mois et 50 l. à cause d'augmenta-
« tion, capitaine à 100 l. par mois, et capitaine-commandant à
« 2,000 l. par an. Motifs de conservation et d'obtention de ré-
« compense : 1° Campagnes. En 1748, le siège de Mastricht (1),
« le 3 novembre 1757, la bataille de Rosbach (2), le 23 juillet
« 1758, la bataille de Sonderhausen (3), le 5 novembre de la
« même année, la bataille de Luternberg (4). Le Vendredi-
« Saint 1759, la bataille de Bergen (5). Détaché pendant huit
« mois aux îles de Giéman, îles désertes en Bretagne, pour
« favoriser le commerce, en Corse trois ans, où j'ai commandé
« les chasseurs du Régiment la dernière année. J'observe que
« je me suis trouvé de garde au magazin à Poudre de Roche-
« fort lorsque le tonnerre tomba dessus et qu'il n'y a eu que
« la contenance et la fermeté de ma trouppe qui a engagé le
« secours, voyant que je la tenaient sur la fumée des murailles
« une heure pendant quoi est parvenu du monde qui ont sorty
« les poudres sans accident, ce qui a évité la perte du port et
« de la ville. 2° Blessures. Blessé à la bataille de Sonderhausen
« d'une contusion à l'aine. J'observe que je n'ai point été em-
« ployé sur la liste des blessés, vu que le nombre des blessu-

(1) Vosgien, 438-2, ville des Pays-Bas. Les Français la reprirent sur Guillaume d'Orange, en 1748.

(2) Vosgien 603, village de la Saxe, guerre en 1757 entre Français et Prussiens.

(3) Vosgien, 652, ville de Thüringe dans la Prusse.

(4) ibid. 411, guerre du Hanovre, près Cassel (Allemagne).

(5) ibid. 98, petite ville d'Allemagne.

« res graves était trop considérable et que les contusions n'y
« furent point employées ». Un document de 1814 précise encore ces détails : il y est dit que son régiment a changé trois fois de nom pendant ses trente-cinq ans de service, d'abord il était Rohan Montbazon (1), il a été ensuite Mont Revel, puis Crussot. En 1748, il servit à Mastricht sous les ordres du maréchal de Saxe. A Souderhausen, pendant la guerre de sept ans, toute une compagnie a esté tuée ou blessée à l'exception de cinq hommes, lui-même fut blessé, nous dit-il, d'un coup de feu à la hanche. En Corse, il commandait cent chasseurs et guerroyaient dans les montagnes contre les bandits. Là il fut faict chevallier de l'ordre de St-Louis, ce qui lui faisait dire en 1814 : « Voilà quarante-trois ans que j'ay l'honneur de « porter la croix ». Il avait été bon soldat et bon chef, à en juger par le certificat suivant qui lui fut adressé le jour de sa sortie du service.

« Nous, Major, Capitaines, Lieutenants et Sous-Lieutenants
« du régiment du Berri Infanterie soussignés, certifions à tous
« ceux qu'il appartiendra et reconnaissons que Mº Daureville,
« capitaine dudit Régiment, y a servi avec la plus grande distinction pendant l'espace de trente-quatre ans et qu'il a
« rempli tous ses devoirs avec une diligence, une fidélité et
« une exactitude exemplaires pendant tout le temps qu'il a
« été au service du Roi, tant par sa docilité à se conformer
« aux lois, son zèle à les maintenir dans toute leur intégrité,
« son intelligence dans le régime intérieur de sa compagnie,
« son amour, son dévouement pour le Roi, que par toutes les
« qualités qui constituent l'officier le plus distingué. Délivré à
« Béthune le 13 may 1781. » Suivent 21 signatures.

Après ces premiers motifs d'obtention de récompense, il mentionne d'autres causes : « J'observe, dit-il, que ma mau« vaise santé m'occasionne beaucoup de dépenses, étant obligé
« d'aller à Paris pour y avoir les secours des médecins, et
« pour d'autres voyages fréquents de médecins éloignez de
« 1 heure de chez moi. J'observe de plus qu'au commence« ment des guerres du Hanovre, mon frère et moi n'avions
« que chacun 150 livres de rente pour toute fortune, que nous
« fûmes obligés de vendre pour faire nos équipages, et au mo-

(1) Acte passé à Montreuil le 27 décembre 1756.

« ment où mon frère aurait eu une pension, il vint à mourir ».
Je ne sais s'il obtint satisfaction, mais ce que je sais, c'est qu'il présenta de nouveau ses états de service au commencement de la première restauration, en juillet 1814, et qu'il obtint le 25 juillet de la même année la décoration du Lys. La pièce est signée par le 1ᵉʳ gentilhomme de la chambre du Roi, le Duc de Pienne.

Les d'Aureville ont possédé jusqu'en 1816 le domaine seigneurial de la Beltière. Nous n'avons point trouvé d'acte indiquant l'origine de cette possession, toutefois, un contrat de mariage de Jacques Le Prévost, passé à Villers-en-Ouche, le 23 novembre 1626, nous montre Robert Le Prevost, père du précédent, escuyer, sieur de Perières, marié à Catherine d'Aureville et de ce chef possesseur et seigneur de la Beltière. Ce qu'il y a de certain, c'est que les d'Aureville possédaient divers fiefs à Notre-Dame-du-Hamel aux XIVᵉ, XVᵉ et XVIᵉ siècles. Ils avaient même dès ce temps le titre de seigneurs ainsi que nous le prouve un acte émanant du procureur général du Roy, de l'an mil cinq cent trente-trois, et que je tiens à vous lire en entier. Certains Nicolles de Notre-Dame-du-Hamel contestèrent la noblesse des d'Aureville. Ceux-ci produisirent des pièces à l'appui de leur dire et ils obtinrent de la cour l'arrêt suivant :

« En suit la généalogie et extraction de noblesse ancienne de
« Noel Daureville escuyer, sieur de la Godardière, avenue par
« vertu du mandement de la cour à l'instance de Benoit Le
« Chevallier impétrant du dit mandement ou autres des par-
« ties adverses, presentes lesquels il a protesté et proteste de
« tous intérêts et dépens, et laquelle généalogie ledit escuyer
« veut et entend suffisamment justifier tant par des lettres que
« par témoins s'il n'en suffit de la production que y et ainsy
« se soutient, à l'encontre des gens du Roy et autres qui se
« voudraient constituer ses parties pour montrer que méritoi-
« rement, il ses prédécesseurs et ancêtres ont été par cy de-
« vant et encore sont à présent remis et réputez pour nobles
« et en cette qualité exempts pour la contribution des tailles
« et de toutes autres charges et subsides populaires et que
« par arrêt de la ditte cour il doit comme personne noble
« d'ancienneté être déclaré quitte et exempt de la ditte con-
« tribution ensemble sa postérité et lignée née et à naître en

loyal mariage sauf par après le dit arrêt donné à son entente à prétendre ses intérêts et dépens, soit sur le dit Le Chevallier ou autre qu'il verra bon être, pour auxquelles fins parvenir s'aide le dit Noël d'Aureville escuyer des moyens, raisons et productions cy-après déclarées.

« Primo suplie qu'il plaise à la cour considérer qu'il et ses dits prédécesseurs sont en possession d'exemption tellement que les paroissiens en commun de la paroisse de Notre-Dame-du-Hamel en laquelle il fait et continue sa demeure et résidence, ne l'ont imposé et fait (assoir) ni imposer en leurs Roulles et sy ne se sont présentés ne présentent au présent procès pour faire aucun soutien de ruralité ou de dérogeance allencontre dudit escuyer. Combien que ce soient eux qui y pourroient prétendre. Le principal intérêt (si y a l'effet) que le dit escuyer ne fut de droit exempt de la ditte contribution si preterea le dit escuyer remontre que néanmoins que la ditte impétration ait été faict sous le mon dudit Le Chevallier, sy toutefois il s'est comparu en ladite cour et à ycelle déclaré que son nom auroit été mis par supposition audit mandement et que de lui il ne l'avoit poursuivi ne entendoit soutenir ains au contraire que le dit mandement avait été impétré par Marin et Jacques dit Nicolles frères lesquels sur ce convenus à l'instance dudit escuyer pour soy constituer ses parties, s'ils voyent que Bien (fut) ou autrement lui payer les intérêts et dépens. Lesquels Nicolles comparant par le dit Marin, et après avoir confessé qu'ils s'étoient aucunement en la ditte impétration, ont néanmoins déclaré qu'ils n'entendoient ni entendent faire aucun soutien de ruralité à l'encontre dudit escuyer lequel nonobstant ladite déclaration avers eux protesté de tous intérêts et dépens, sur laquelle protestation ils sont encore en procès, recours à l'acte de ce porté du mercredy XIe jour de febvrier (mil) cinq cent trente-trois.

« Ex (pres ptis) sequitur presaumptio sufficiens que le dit escuyer étoit et est noble personne primo en ce que lesdits paroissiens contre leur proffit et intérêts l'auroient recognu estre noble redevabiliter et, secundo, parce que lesdits Nicolles, néanmoins qu'ils soient hayneux, et conspirant contre ledit escuyer et que à ce moyen, il ait prétendu les asubjetir à lui payer intérêts et dépens s'il obtenoit effect

« en cause. Sy touteffoys ils n'ont contre lui faict soutien de
« ruralité, ains se sont arrestés à dire que à leur instance
« ledit escuier n'avoit été inquieté sur saditte noblesse à quoy
« ledit escuier suplye la cour avoir singullier regard.

« Et pour montrer qu'ils Nicolles et paroissiens de laditte
« paroisse de Notre-Dame-du-Hamel n'ont sans cause raison-
« nable confessé la noblesse dudit escuier, il suplyé la cour
« d'avoir regard aux lettres anciennes par luy produictes. La
« première de l'an mil trois cents quarante deulx. La segonde
« de l'an mil trois cents quarante quatre, et la troisième de
« l'an mil trois cent trente cinq. En chacune desquelles lettres
« feu Robert Daureville étoit qualifié escuier, lesquelles let-
« tres ledit escuyer produit pour montrer que de temps im-
« mémorial ses prédécesseurs ont été qualiffiés escuiers, con-
« sequenter qu'il n'a pretendu ne pretend usurper laditte qua-
« lité quelque chose que ses parties adverses aient dit ou dé-
« noncé audits officiers du Roy pour le véxer par procès sans
« auzer eulx constituer ses parties adverses.

« Hoc presuposito dit ycelluy escuier qu'il produit une let-
« tre par forme d'extrait des Registres des Tabellions de Mon-
« treuil le XXIe jour de mars (mil) IIII Cents XIV par lequel il
« appert que Richard d'Aureville son tiers ayel auroit été lors
« qualifié escuier néanmoins qu'il fut lors décédé et sy est est
« prouvé par laditte lettre que Pierre d'Aureville par sembla-
« ble qualifié escuier étoit son fils. Lequel Pierre seroit et est
« le bisayel dudit escuier lequel outre produit six autres let-
« tres anciennes, l'une du XIIe d'octobre (mil) IIII cents vingt-
« trois, la segonde dudit mois audit an, la troisième du XVIe
« d'avril au dit an, la quatrième du XVIIIe de janvier (mil)
« quatre cent vingt six, la cinquiesme du IXe jour dudit moys
« d'avril (mil) trois cent quatre-vingt-seize et la VIe du Xe
« d'octobre (mil) quatre cent quarante-trois, en chacune des-
« quelles ledit Pierre Daureville est qualiffié escuier pour la
« différence et distraction des popullaires, et à ce moyen est
« prouvé par ledit escuier (Literatori) que ses prédécesseurs
« étoient qualiffiés escuiers dès le dit temps de l'an mil trois
« cent trente et ung (ou deux).

« Ensemble que son tiers ayel était nommé Richard d'Aure-
« ville et qualiffié escuier et que de luy étoit immédiatement
« yssu Pierre d'Aureville, lequel comme fils et héritier dudit

« Richard avoit pourveu par mariage, Margueritte sa sœur
« qualifiée damoiselle par la ditte lettre du XXV de mars
« (mil) IIII cent XIIII recours à ycelle.

« Item dit ycelluy escuier qu'il produit dix-huit pièces
« d'écriture faisant mention de la noblesse de Guillaume
« d'Aureville escuier son ayel et fils dudit Pierre d'Aureville
« son bisayel, la première desquelles lettres est du XVI de
« juillet mil IIII cent quarante et un, contenant comme le dit
« Pierre bisayel du dit escuier auroit servi le Roy en ses
« guerres, tellement que pour payer la rançon et estre délivré
« de prison il avait vendu le fief de la Godardière, appartenant
« à damoiselle Guillemette de Bois-Hiboult (1) et à ce moyen
« sont prouvées trois choses à l'entente dudit escuier. La pre-
« mière que le dit Pierre son bisayel avoit suivant sa qualité
« de noblesse servi le roy en ses guerres et vendu ses hérita-
« ges pour payer sa rançon. La segonde qu'il étoit marié à
« femme noble, et la IIIe que ledit Guillaume estoit issu dudit
« mariage et que en cette qualité il auroit retiré ledit fief de
« la Godardière dont est encore à présent tenant ledit d'Aure-
« ville inquiété.

« Et quant pour loutreplus de la liasse des escrittures fai-
« sant mention dudit Guillaume ayel dudit escuier, il appert
« que la première d'ycelles seroit et est la contre-lettre de
« celle immédiatement sy mentionnée qui est la seconde en
« l'ordre d'icelle liasse et au regard des autres, ils font mention
« comme ledit Guillaume a été qualifié escuyer en ses actes
« par les personnes publiques et sy appert oultre par sa let-
« tre de cléricature qui est l'une dicelles que ledit Guillaume
« était fils dudit Pierre d'Aureville même qu'il et ledit Pierre
« d'Aureville son père étoient qualiffiés escuiers.

« Appert insuper, par la sixième desdittes lettres du XXVIe
« de juing mil IIII cent soixante-six comme ledit Guillaume
« suivant sa ditte qualité de noblesse a servi le Roy et sy est
« prouvé par la septième d'ycelles du VIIe d'octobre mil quatre
« cent soixante-dix, que le dit Guillaume d'Aureville sieur de
« la Godardière avoit été conjoint par mariage à damoiselle

(1) Sa femme et que ledit fief avoit dû depuis être retiré par le dit Guillaume comme fils aîné dudit Pierre d'Aureville et ladite Damoiselle Guillemette du Bois-Hiboult, paroisse de Notre-Dame-du-Hamel.

« Caroline Bardouil fille de feu Nicolas Bardouil en son vi-
« vant escuyer et sieur de la Sieurie du Chesne près Bre-
« theuil et qui au droit d'ycelle damoiselle ledit Guillaume et
« sa ditte femme avoient été payés des deniers y mentionnés
« et pour l'outreplus de la ditte liasse il fait simplement men-
« tion de la qualité dudit Guillaume d'Aureville.

« Reste maintenant à faire apparoir de la qualité du dit Guil-
« laume père du dit escuyer nommé Jehan, fils du dit Guillaume,
« ce qui est suffisamment justifié par quatre pièces d'écritures
« la première desquelles est du vingt septembre mil quatre cent
« quatre-vingt-dix-huit, laquelle contient entre autres choses
« que le dit Jehan était fils du dit Guillaume et sieur de la
« ditte terre de la Godardière et s'y est porté par ladite Let-
« tre mesme par l'outre plus de la dite liasse que le dit estoit
« qualifié escuier en ses lettres ; Davantage est attesté par la
« troisième pièce qui est du onzième de mars (mil) cinq cent un
« comme ledit Jehan en qualité de fils aisné dudit Guillaume
« fist les accords y mentionnés à maistre Jehan d'Aureville prê-
« tre son frère et à ce moyen est suffisamment justifié que le
« dit Jehan estoit fils légitime et héritier du dit Guillaume
« car autrement il n'eut pu contracter de la succession dudit
« Guillaume d'Aureville son père.

« Preterea, produit ycelluy escuier deux lettres, l'une du
« premier jour de juin (mil) cinq cents vingt-deux, et l'autre du
« 5e jour de janvier mil cinq cents vingt-cinq, par lesquelles
« lettres appert que le dit Noël Daureville estoit et est fils lé-
« gitime et naturel du dit Jehan et qu'il, et Pierre et Jehan
« d'Aureville escuiers ses frères ont partagé ensemble la suc-
« cession du dit Jehan leur père, dont s'ensuit que le dit Noël
« d'Aureville montre et par lettres sa généalogie à compter de
« son dit tiers ayel inclusivement, mesme que tous ses dits
« prédécesseurs et chacun d'iceux ont été callifiés escuiers la-
« quelle callification pour qu'elle soit (innte, erunciativa vault et
« suffist pour suffisant phaon), in antiquis et hominum memo-
« riam excedentibus per jura vulgata, à joindre pour raison
« péremptoire qu'il et ses prédécesseurs sont en possession
« d'exemption et qu'il n'y a aucuns qui se veulent soy consti-
« tuer partie dudit escuyer pour soutenir le contraire auquel
« car il eust esté et seroit, mis en fait qu'il et ses dits prédé-
« cesseurs ont par temps immémorial esté tenus et resputés

« pour nobles, vesqu noblement, suivy les guerres et en cette
« qualité tenus quittes et exempts de la contribution des tail-
« les et subsides popullaires, ensemble que telle est la voix et
« commune renommée des anciens circonvoisins qu'ils l'ont
« aussy ouï dire et tenir à leurs prédécesseurs et ancestres et
« partant persiste le dit escuier aux fins par luy présentées
« ou autres meilleures à la discrétion de ladite cour et par pro-
« testation fut :

   Signé : Hédon avec paraphe.

La requête était précise, peut être incomplète, car il aurait été bon à Noël d'Aureville de donner à la cour l'époque précise ou sa famille avait été annoblie. En tous cas l'avis de la cour lui fut favorable, si nous en jugeons d'après ce qui est écrit au-dessous de la dite requête.

« Le procureur général du Roy qui a lu la p^{te} généalogie
« suivant l'ordonnance de la cour Baillée de la part de Noël
« Daureville ordonnée en vertu du mandement de ladite cour
« pour apporter et enseigner de son privilège de noblesse, sa-
« voir en avoit à la requête de Benoit le chevalier, impétrant
« du dit mandement, veu aussy les procédures faictes par ledit
« d'Aureville à l'encontre du dit Le chevalier dénonciateur,
« mesme à l'encontre de Marin et Jacques dits Nicolles lesquels
« on disait estre motifs de ladite impétration et entre autres
« procédures l'acte donné en ladite cour le 23e jour de janvier
« (mil) cinq cent trente-trois par lequel ledit Le chevalier au-
« roit désavoué la ditte impétration et que aucune chose ne
« veult soutenir vers ledit d'Aureville, mais disoit que le dit
« Nicolle et son dit père en auroient fait faire les exploits.

« Davantage autre acte donné en ladite cour le mardy di-
« xième jour de ce présent mois de février audit an (mil) cinq
« cinq cent trente-trois, par lequel acte ledit Marin Nicolle ap-
« prez aurait été cy en la ditte court auroit sur ledit cas par
« semblable désavoué, la dite requête ne luy faict bailler
« icelle au moyen de quoi sans préjudice du soutien dudit
« sieur d'Auréville à l'encontre des dessus-dits. Ledit procu-
« reur général auroit requis et demandé que ledit fust
« contrainst a Bailler sa ditte généalogie cy-dessus arti-
« culée ensemble les lettres et écritures y mentionnées. Le
« dit procureur général pour le présent en tant que a lui
« est n'entend contredire ou empêcher de noblesse prétendue

« par ledit d'Aureville inquiété et que pour l'avenir il jouisse
« dudit privilège de noblesse ancienne en servant le Roy et
« faisant tous actes de noblesse comme les autres nobles du
« pays et sans aucunement y déroger.

Signé en fin : D'Irlande avec paraphe et Grandin avec paraphe.

Au dessous est écrit : Le dit procureur général pour toute production saide de la réponse par lui faicte sur la généalogie cy-dessus contenue.

Signé en fin : D'Irlande et Valdory avec paraphe.

Tel est le manuscrit que je tenais à vous livrer en entier sur la famille Dauréville qui, depuis le commencement du dix-septième siècle jusqu'en 1816, a été en possession du fief seigneurial de la Beltière de Mélicourt.

Je termine, Messieurs, par un vœu. J'espère identifier la signature de ce document de 1533, d'Irlande. En 1603, une Damoiselle Margueritte d'Irlande épousa François Périer, un des ancêtres de Charles-Louis Agis de Mélicourt. La famille n'est pas encore éteinte, car il existe encore dans notre contrée des D'Irlande, à Caen, à Orbec en Auge où fut passé en 1603 le contrat de mariage que je vous citais tout à l'heure. Je m'estimerais heureux d'apporter une petite pierre de plus au magnifique édifice, construit par nos sociétés historiques, sur notre belle et chère Normandie, ce serait une joie à ajouter à celle qui m'a été donnée d'avoir une place parmi vous au sein de notre Société libre de l'Eure.

A Louis Agis de Mélicourt, à Gui de Bonnechose et à Christophe d'Aureville, il nous faut ajouter comme quatrième trisaïeul paternel de Charles-Louis Agis de Mélicourt, Pierre Mauduit de Saint-Simon qui épousa une demoiselle Marie Forcadel dont le père était conseiller en la cour des aides (1). De ce mariages sont issus :

(1) Il est probable que ce Claude Forcadel était le descendant soit d'Etienne Forcadel, jurisconsulte de la fin du xvi⁰ siècle, qui fut préféré à Cujas pour remplir une chaire en droit à Toulouse, soit de Pierre Forcadel, frère du précédent et professeur royal en mathématiques. La place que Claude Forcadel occupait vers 1640 à la cour des aides nous engage à croire à leur parenté. La cour des aides fut établie par le dauphin Charles vers 1365, une de ses principales attributions était la vérification des titres de noblesse.

1° Jeanne Mauduit, qui épousa Pierre Miotte, receveur des tailles à Rosay-en-Brie (1). Ils eurent une fille, Anne Miotte, qui se maria à Michel Vente, conseiller du Roy.

2° Jacques Mauduit de Loizel. Celui-ci eut deux filles, Françoise Mauduit, qui épousa le marquis André de Puisage, et Marie-Anne-Emmanuel Mauduit, mariée à François-Jean-Antoine de Courcy.

3° N. Mauduit, qui épousa Alorge, seigneur de Malicorne (2). Une fille issue de ce mariage et nommée Françoise Alorge épousa Michel du Haumel.

4° Anne Mauduit, qui se maria le 17 février 1690 à François d'Aureville. Comme nous l'avons vu précédemment, ils eurent une fille appelée Marguerite-Renée d'Aureville qui épousa le 6 février 1730 Louis Agis, troisième du nom et aïeul du seigneur qui nous occupe (3), et c'est sur ce nom que se clôt la liste de ses ancêtres paternels.

Voici maintenant les ancêtres maternels de Charles-Louis Agis de Mélicourt. En première ligne et à une date que nous ne saurions fixer justement, Guillaume Périer, escuyer, sieur Delauney, et marié à une demoiselle Magdeleine Trar.

2° Son fils, Philippe Périer, escuier, sieur Delauney, et l'un des 500 gentilshommes de la maison du Roy, épousa une demoiselle Margueritte de Valois. Son contrat de mariage fut passé en la vicomté d'Orbec, au siège de Gacey, le 27 septembre 1568. Il est choisi en 1604 pour paraître à l'arrière ban convoqué par le lieutenant général du Bailly d'Evreux pour le 20 octobre de la même année.

Un autre acte des délégués de la noblesse du 10 novembre suivant, confirme encore le choix qui avait été précédemment fait de Philippe Périer pour l'assistance à l'arrière. Un certifi-

(1) Dans la généralité de Paris.
(2) Commune de Francheville (Eure).
(3) Anne Mauduit mourut en 1736. Voici l'extrait des registres de Mélicourt : Le jeudi 13° jour de février 1738, le corps de noble dame Anne d'Aureville de la Beltière, aagée de 71 ans, a été inhumé dans l'église de Mélicourt par M. le curé de St-Aquilin-des-Augerons en présence de M. Desfontaines, de M.rs les curés de Montreuil et plusieurs autres soussignez. Signé : Delachapelle, curé de St-Aquilin ; Housset, curé de Montreuil avec un paraphe ; Desfontaines avec un paraphe ; D'Aureville ; Brière, curé de Montreuil ; D'Aureville. Le present extrait du registre par Henry Cotterel, curé de Mélicourt, le 11 décembre 1746. Signé : Cotterel.

cat du 23 septembre 1607 constate cependant qu'il n'a pu faire le service pour l'arrière de 1607 à cause de son grand âge et qu'il a envoyé François, son fils.

3° François Perier, fils du précédent, escuyer, seigneur et patron de la Genevraye épousa une demoiselle Margueritte d'Irlande. Le contrat de mariage fut passé à Orbec le 19 septembre 1603. Il reçut le 23 août (1630) un certificat de service du comte de Grancey.

4° Philippes Perier, second du nom, fils de François Périer, esc. seigneur de la chevalerie, épousa une demoiselle Louise de Surmont. Le contrat de mariage fut passé à Mortagne, le 15 avril 1627. Les clercs de Mortagne lui accordent le 26 juillet 1634 décharge de tailles vu sa qualité de noble d'ancienne extraction. Il mourut en 1641, car un acte de tutelle est rendu pour les enfants desdits sieurs et dame, le 30 avril 1641, par le siège de Mortagne.

5° Nous ne connaissons le nom que d'un seul de ses enfants, Richard Perier, esc. seigneur de la Genevraye, qui épousa Catherine Got, fille de Jacques Got, esc. s^r du Bay. Le contrat de mariage fut passé devant le notaire d'Iffes, pour le siège de Courtomer, le 24 juillet 1664.

6° Son fils, Richard Perier, second du nom, esc. s^r de Carnette, se maria à Françoise des Londes. Le contrat de mariage fut passé au Sap le 7 janvier 1703. Le mariage fut célébré le même jour à Orville (1), près le Sap, paroisse de son épouse.

7° Charles-François-Jacques Périer de la Genevraye, fils de Richard et de Françoise des Londes, baptisé le 16 septembre 1703 à la Trinité-des-Laitiers (2), épousa Anne-Gabrielle de Grieu. Son contrat de mariage est du 23 janvier 1737. La célébration en fut retardée jusqu'au 6 février de la même année.

8° Leur fille, Louise Charlotte-Anne Perier, baptisée le 27 décembre 1736 et mariée le 25 juin 1756 à Louis-Pierre Agis de Mélicourt.

Son deuxième trisaieul maternel était Jacques Deslondes, escuyer, seigneur des Londes, et marié le 15 juin (1677) avec une demoiselle Françoise de la Rivière. Une fille naquit de ce mariage et fut baptisée à Orville, près le Sap, le 20 février 1678

---

(1) Orville, près le Sap (Orne).
(2) Canton de Gacé (Orne).

et nommée Françoise. Elle épousa, en 1703, Richard Périer, second du nom.

Le troisième trisaïeul maternel était Jacques de Grieu, escuyer, seigneur de la Fontaine, qui épousa Marie-Jacqueline de Bernard. Le contrat de mariage fut passé à Mortrée, vicomté d'Argentan, le 29 avril 1680.

1° Son fils, François-Charles de Grieu, escuyer, s' de la Fontaine et de Paperolles, épouse Anne Gislain de Grenne. Son contrat de mariage passé en la vicomté d'Orbec pour le siège du Sap est du 30 may 1711 ; l'acte de la célébration de ce mariage est du 31 may de la même année. Relativement à François-Charles de Grieu, il existe deux arrêts de la Chambre des comptes de Rouen, l'un du 11 septembre 1697 donnant un recours de six mois pour le paiement de l'amende prononcée contre Marie-Magdeleine de Bernard, tutrice de François-Charles de Grieu, à cause de la garde noble du fief de la Fontaine, l'autre du 21 octobre 1698, portant décharge de ladite amende.

2° Du mariage de François de Grieu avec Anne Gislain de Grenne naquit Anne-Gabrielle de Grieu, ondoyée le 22 octobre 1711, baptisée à Vimoutiers, le 21 mars (1723) et mariée à Charles-François-Jacques Perier de la Genevraye, le 6 février 1736.

A Jacques de Grieu, il faut encore ajouter comme quatrième trisaïeul maternel de Charles-Louis Agis, Roger-Gislain de Grenne, l'un des deux cents chevau-légers de la garde du Roy, qui épousa une demoiselle des (Bouers). Son contrat de mariage, passé à Vimoutiers, est du 27 may 1690. Une fille issue de ce mariage épousa, comme nous l'avons vu, François de Grieu, le 31 may 1711.

C'est ici, Messieurs, que se termine la généalogie dressée par Charles-Louis Agis de Mélicourt, à l'effet d'obtenir le titre de Chevalier de l'ordre de Malte.

Avant de terminer ce travail, je tiens à vous donner les renseignements que j'ai trouvés sur la famille de Margueritte Leprévost, épouse de Christophe d'Auréville. Si je suis aussi heureux dans les recherches que j'ai commencées sur les autres alliances des seigneurs de Mélicourt, je me ferai un plaisir de vous les communiquer.

Les premiers noms que j'ai trouvés, touchant la famille Le Prevost, sont :

1° Thomas Le Prévost, escuier, qui vivait vers l'an 1500.

2° Guillaume Le Prévost, fils du précédent. Dans un acte fort ancien, c'est-à-dire en 1554, on remarque que Guillaume Le Prévost, pour lors mort, avait existé et épousé Marie Fleury.

3° Jacques Le Prévost, son fils, eut deux enfants :

a) Robert Le Prévost, s^r de Perrière, qui suit.

b) Jean Le Prévost, s^r Despare ; celui-ci fit un acquest d'Alléaume Vigne en janvier 1619. L'acte fut passé à St-Jullien-le-Faucon, pour le siège de Grisy. Jean Le Prévost mourut en 1638, au Mesnil-Mauger, le 14 novembre. Il fut enterré au Mesnil-Mauger. Le 6 et le 8 may 1639 les partages furent faits de ses propres et acquêts devant Poutrel, tabellion à St-Pierre-sur-Dives.

4° Robert Le Prévost, fils de Jacques, escuyer, s^r de Perrière, épousa Catherine d'Aureville, ainsi qu'il appert par le contrat de mariage de Jacques, son fils, passé à Villers-en-Ouche (1), le 23 novembre 1626. C'est la première alliance de la famille Le Prévost avec la famille d'Aureville de Mélicourt. Catherine d'Aureville mourut à Monney le 25 may 1644, le lendemain elle fut inhumée au milieu du chœur de Monney (2). Nous n'avons pu trouver la date de la mort de Robert Le Prévost, s^r de Perrières. De son mariage avec Catherine d'Aureville, il eut quatre garçons et une fille.

a) Jacques Le Prévost, esc., sieur de la Beltière, qui suit.

b) Michel Le Prévost, escuyer, sieur de Vaux ; il partagea avec ses frères la succession de son oncle, Jean Le Prévost, s^r Despare ; il épousa une demoiselle Deboisdelaville.

c) François Le Prévost, escuyer, sieur de Préaux. Le 7 may 1652, il nomma une fille du sieur Gervais Jamot (3) avec (Delle) Jeanne Le Prévost. Il mourut à Coupsatre, le 1er août 1656.

d) Louis Le Prévost, esc., s^r De Perrière, a également partagé la succession de Jean Le Prévost, son oncle, avec ses trois

---

(1) Canton de la Ferté-Fresnel (Orne).

(2) id.

(3) Licencié esloix, baillif de St-Pierre-sur-Dives, en présence de Jean Le Prévost, son oncle, s^r Despare et de Michel Le Prévost, escuier, son frère.

frères ; en 1639, il épousa Barbe de Neufville. Le 6 novembre 1651 il acquiert de Marie Lemarchand une pièce de terre au Val, paroisse de Mélicourt, contenant 15 perches, pour le prix de 25 livres tournois ; le 10 décembre publication est faite de cette vente. Les accords avec Barbe de Neufville avaient eu lieu le 23 may 1636, à Orbec ; le 30 may le contrat de mariage fut passé devant le tabellion qui demeuroit à Courson. Le 7 septembre 1638, une fille naquit de ce mariage, à Monney. — Barbe de Neuville était fille du feu s^r de Courson. — Margueritte Le Prévost, leur fille unique, épousa Christophe d'Aureville, escuyer, sieur de la Pillette, qui était fils de Maurice d'Aureville et de demoiselle Catherine de Thiesse, ainsi qu'il appert par le contrat de mariage de laditte demoiselle Margueritte Le Prévost et dudit Christophe d'Aureville passé au tabellionnage d'Echanfray, le 24 janvier 1655 (1). François d'Aureville naquit de ce mariage et fut baptisé le 15 décembre 1658. Son parrain fut François Le Prévost, sieur de Préaux, et sa marraine Marie d'Aureville, fille de la Pillette.

En 1660 ils eurent un autre enfant Gabriel d'Aureville, nommé par Gabriel de Neufville, seigneur de Courson.

Margueritte Le Prévost renonça à l'héritage de son mari en 1691 ; elle mourut le 24 avril 1716, âgée de 78 ans.

e) Jeanne Le Prévost, épouse Jean Jamot le 20 juillet 1621. Le 20 juin 1633 m^e Jean Jamot mourut en la conciergerie du palais et fut enterré dans l'église de S^t-Lô. — De leur mariage naquit Gervais Jamot ; la femme de ce dernier ne nous est pas connue : Gervais Jamot mourut en 1655 (2) laissant une petite fille âgée de trois ans qui, comme nous l'avons vu, avait été nommée en 1652, le 7 may, dans l'église de Mesnil-Mauger, par François Le Prévost et (d^lle) (2) Jeanne Le Prévost, veuve de Jean Jamot.

5° Jacques Le Prévost, escuier, sieur de la Beltière, fief qu'il tenait de sa mère, Catherine d'Aureville, partagea avec ses trois frères la succession de son oncle Jean Le Prévost ; elle consistait en des fonds situés au Mesnil-Mauger, St-Loup-de-Fribois, le Doux-Marais et St-Julien-le-Faucon. — Par ces lots

(1) C'est la deuxième alliance faite par la famille Le Prévost avec la famille d'Aureville de Mélicourt.

(2) Nous avons remarqué que nos documents donnent la qualité de d^elle à des veuves.

qui avaient été faits en may 1639, nous voyons que messire Robert Le Prévost, seigneur de Croissanville, des Authieux, etc., n'avait point été compris dans ces partages. Deux choses cependant nous forcent à croire qu'ils étaient proches parents car il y avait entre eux une similitude de nom, et les fonds de Jean étaient limitrophes de ceux du dit sieur de Croissanville et paraissaient avoir été divisés anciennement.

En 1626 (1), ce Jacques Le Prévost épousa noble demoiselle Louise Desparey, veuve du feu sieur de Courcy, en présence de Monsieur de Croissanville, et à cause de cette alliance il partagea les fiefs de Cormeilles et de Norolles, venus de M. de Malon. Le 13 décembre 1629, nous le voyons assister à Norolles, près Lizieux, aux fiançailles de noble homme Claude Parisot, sieur de la Rouée, et de demoiselle Marie de Courcy. Messire Jean Le Pellerin, seigneur de Gauville, assistait aussi à ces fiançailles.

Jacques Le Prévost mourut en 1671. Le 28 février de la même année, une sentence d'interdiction fut passée à Orbec contre Louise Desparey, son épouse. Parmi les témoins, nous relevons les noms de Gaspard de Malvoue, Gilles Bouchard, escuyer, Jacques d'Aureville, escuyer, Robert d'Aché, sieur d'Asseville, Delavallée, escuyer, Maurice d'Aureville, escuyer, sieur de la Pillette, Christophe d'Aureville, de Mélicourt.

Voici maintenant les noms des enfants issus du mariage de Jacques Le Prévost de la Beltière avec Louise Desparey :

a) François Le Prévost qui suit.

b) Charles Le Prévost, escuyer. Un répertoire trouvé chez le sieur de la Morinière fait mention des lots passés au notariat de Bonnebois en l'année 1670 touchant les biens de Jacques Le Prévost, s^r de la Beltière, etc., son père. Ces lots furent faits entre les trois fils encore existants, Charles Le Prévost, escuyer, sieur du Chesne ; Michel Le Prévost, escuyer, sieur de Cormeille, et François Le Prévost, escuyer, sieur de la Touraille. Charles Le Prévost dont nous nous occupons demeurait alors à Monney. Le 13 novembre 1661 il nomma dans cette paroisse Charles Deschamps. En avril 1692, il y nomma un autre enfant et mourut à Monney, seigneur de la seconde portion d'un fief de ce lieu, le 25 septembre 1698. Il fut inhumé

(1) Le 7 juin.

par Messire Nicolas Mauduit, curé de Ternant. Nous avons trouvé une délibération concernant le nombre et la qualité des gentilshommes de la paroisse de Monney arrêtée le 3 juillet 1661. Dans cette délibération furent regardés comme gentilshommes Charles Le Prévost, escuyer, s^r du Chesne, dont il s'agit ici ; Michel Le Prévost, escuyer, s^r de Vaux ; demoiselle Florence d'Aureville, veuve de feu Mre Robert de Trouson, et Françoise Le Prévost, veuve de Roger Laignel.

L'épouse de Charles Le Prévost s'appelait Marie Enengeard ; elle mourut à Monney le 6 janvier 1689, âgée de 55 ans. Une fille était née de leur mariage ; elle se nommait Françoise et se maria à Roger Laignel, fils du feu s^r Laignel de la Fontaine (1) ; elle était veuve dès l'année 1656, car un acte de baptême dont elle était marraine le 15 may 1656 lui donne cette qualité ; elle mourut le 26 septembre 1675.

c) Michel Le Prévost, escuier, sieur de Cormeilles. Nous avons vu précédemment qu'il avait partagé avec ses deux frères les biens de son père et qu'avec eux il avait été reconnu comme gentilhomme à Monney en 1661.

d) Marie Le Prévost, baptisée au Mesnil-Maugé le 4 juillet 1628.

e) Jean Le Prévost, né le 13 juin 1629, baptisé le même jour. Son parrain fut Jean Le Prévost, sieur Despare.

6° François le Prévost, sieur de la Tourailles. Le 18 juillet 1663 il passa contrat de mariage avec demoiselle Marie Paya, fille de Louis Paya, sieur de Vertemare, gentilhomme de la grande Fauconnerie du roi, et de demoiselle Marie de Pouelvillain (2), à Pont-l'Evêque ; Maria Paya lui apporta en mariage la terre de Monteau-Louveaux, sise à St-Gratien-des-Bois. Au moment du partage des biens de son père, il habitait à Norolles, près Lizieux ; il vint ensuite habiter St-Gratien-des Bois. En 1684, à Monney, il fut parrain d'un enfant avec

(1) La sœur de Roger Laignel, Margueritte, épousa Nicolas de la Vallée, escuyer, fils du feu s^r de la Vallée, s^r de Saint-Laurent-du-Tansement, canton de Broglie (Eure).

(2) Son grand père, Robert de Pouelvillain, avait épousé en 1607 une demoiselle Marie de Nollent. Un fils naquit de ce mariage le 11 novembre 1607, qui fut nommé par Robert de Nollent, seigneur de Trouville ; il s'appela Robert. Il eut une sœur nommée par Marie-Isabeau de Nollent et Guillaume de Nollent, s^r de Delcourt.

une demoiselle de Vauquelin ; à la même paroisse, le 10 avril 1689, il fut parrain d'une demoiselle de Pigace.

Marie Paya mourut le 26 avril 1692 ; son père, Louis Paya, mourut âgé de 80 ans.

François Le Prévost laissa :

a) Jacques Le Prévost qui suit.

b) Charlotte-Marie, baptisée le 21 novembre 1666 à St-Gratien-des-Bois, près Honfleur ; elle épousa un sieur Lainé et mourut le 4 octobre 1689 à St-Gratien-des-Bois.

Elle laissa deux filles :

1° Catherine Lainé qui épousa un sieur Damour, d'où sont sortis les Damour et les Dulonprey de Touques qui vivaient encore en 1786.

2° Marguerite qui épousa Jean Chagrin ; elle vécut 80 ans. De Marguerite Lainé sont sortis les Chagrin de St-Laurent-du-Tansement, vivant encore en 1786.

c) François Le Prévost, né le 13 mars 1668.

d) Marie Le Prévost, née le 13 décembre 1669 ; son parrain fut Michel Le Prévost, escuier, s^r de Cormeilles, son oncle ; elle mourut en 1677, le 3 novembre.

e) Margueritte Le Prévost, née le 13 février 1669 ; elle épousa un sieur Lainé, fils de Sébastien Lainé et d'Anne Ricquier ; elle demeurait à Mélicourt. Le contrat de mariage fut passé devant le notaire de Glos-sous-Lizieux, pour la vicomté d'Orbec, le 12 février 1706, en la maison de Michel Le Prévost, sieur de Cormeilles, oncle de laditte demoiselle Le Prévost. Elle épousa en secondes noces, en 1727, Pierre Leclerc, sieur des Londes, demeurant à Mélicourt.

7° Jacques Le Prévost ; il épousa, le 14 aoust 1714, une demoiselle Marie de Mauduit, fille de feu Marc Antoine de Mauduit (1) et de Marie Le Petit. Le 9 avril 1723, il vendit une terre à M. Mignot pour le prix de 12,050 livres. Il mourut le 7 avril 1726 et fut inhumé à St-Gratien-des-Bois. Un acte de tutelle passé à Pont-l'Evesque le 6 may suivant établit tutrice à Michel Le Prévost, escuyer, s^r de Perrière, Marie de Mauduit, sa mère, qui mourut le 11 novembre 1739. (2).

(1) Escuier, sieur de la Rozière.
(2) Les parents paternels qui signent l'acte de tutelle sont : Charles-Antoine de Costard, escuier, sieur du Plein-Chesne ; messire Guillaume Dumesnil, avocat du Roi à Pont-Levesque.

Les enfants qui naquirent de ce mariage sont :

a) Marie-Catherine Le Prévost, née le 14 février 1715 ; sa marraine fut Catherine de Boisdelaville de Cormeilles. Son mariage avec Thomas Mérieux fut célébré le 8 novembre 1741 en l'église de Bonneville-la-Bertrand. De son mariage elle eut un fils qui vivait encore en 1786.

b) Marie-Magdeleine Le Prévost, née le 5 aoust 1717, morte le 14 aoust 1720.

c) François Le Prévost, né à St-Gratien-des-Bois, le 13 octobre 1718 ; il eut sans doute le fief de la Rozière car le sieur curé de la Rozière porta une requête contre lui le 5 aoust 1745.

d) Marie-Anne, née le 23 juillet 1720, baptisée le même jour à St-Gratien-des-Bois ; son parrain fut Mre Dumesnil de St-Nicolas-de-Touque ; sa marraine, demoiselle Suzanne de Nollent-Vallois, de la paroisse de Hennequeville. Marie-Anne Le Prévost épousa, le 26 février 1753, Mre Michel de Maude, Chevalier, seigneur et baron de Bléville et Coudelle, duquel est sorti Françoise Maude, mariée à André Testrel, escuier.

e) Pierre ou Michel, mort noyé à Honfleur en 1744.

Nous avons remarqué au cours de notre travail que Pierre-Christophe d'Aureville, escuier, sieur de la Beltière, épousa une d^{elle} Marie-Denize de Malon, fille de Messire Amable de Malon, Seigneur de Croisches, et de Dame Elisabeth Véret, ainsi qu'il est prouvé par le contrat passé à Paris devant Saillard et Billeheu, notaires au châtelet, le 30 aoust 1735. Il nous a semblé intéressant de rassembler les documents que nous avons trouvés sur la famille de Malon et de vous les donner pour terminer notre travail.

Dès le début du xvie siècle, c'est-à-dire vers 1520, nous rencontrons les noms de trois frères de la famille de Malon, de Croisches et de Bercy ; ce sont :

Charles de Malon et Claude de Malon, tous deux conseillers au parlement de Bretagne en 1556, le document que nous avons entre les mains nous dit qu'ils sont morts sans enfants, et Nicolas de Malon escuier, Seigneur de Mogeon. Ce dernier eut trois fils ; Jacques de Malon, fils aîné ; Charles de Malon, et Jean de Malon, celui-ci mort sans postérité. Nous nous trouvons donc en présence de deux branches seulement touchant cette famille.

La branche aînée qui possède le domaine de Croisches.

1° Jacques de Malon, premier du nom, fils aîné de Nicolas de Malon, marié en 1582.

2° Jacques de Malon, son fils, deuxième du nom, escuier, Seigneur et Patron de la Folletière et de Damville.

3° Jacques-Paul de Malon, fils du précédent, escuier, Seigneur aussi de la Folletière et de Damville, marié en 1655.

4° Amable de Malon, escuier, fils de Jacques-Paul de Malon qui précède, Seigneur de Croisches, commissaire provincial des guerres de la généralité de Limoges. Nous lui connaissons deux enfants, Marie Denize, l'épouse de Pierre-Christophe d'Aureville de Mélicourt ; elle naquit à Paris le 13 septembre 1695. Voici son acte de baptême.

« Extrait des Registres des baptêmes de l'église royale et pa-
« roissiale St-Germain-l'Auxerrois, à Paris, du mercredi 14⁵
« septembre mil six cent quatre-vingt-quinze. Fut baptisée
« Marie-Denize, fille de messire Amable de Malon, escuyer,
« seigneur de Croisches et en partie de Périgny, conseiller du
« Roy, commissaire des guerres, et de dame Elisabeth-Cathe-
« rine Veret, son épouse, rue des Poullies, de la paroisse St-
« Germain-l'Auxerrois, en l'église des Religieuses du Prétieux
« Sang, au faubourg St-Germain, par permission de m⁺⁵ les
« Vicaires généraux le siège vacant, en date du treizième du
« présent mois et an. Le parein messire Jean Regnard, chape-
« lain de l'église de Paris, et de feue Madame la Dauphine.
« La mareine d⁽ˡˡᵉ⁾ Denise de Loscof, fille majeure. L'enfant est
« née le mardi 13ᵉ jour du présent mois et ont signé. Le père
« est à l'armée de Flandre.

« Délivré conforme à l'original par moi soussigné, prêtre
« bachelier de Sorbonne et curé de la ditte église, le 4 aoust
« 1770. »

« Signé : H. Chapeau avec paraphe. »

Voici maintenant son acte de mariage avec Pierre-Christophe d'Aureville.

« Extrait des registres de la paroisse St-Louis, Isle Notre-
« Dame, à Paris. L'an mil sept cent vingt-quatre, le deuxième
« décembre, après la publication d'un ban faite dans l'église de
« Mélicourt comme il nous a paru par le certificat de Mgr
« l'Evêque d'Evreux, vu ensemble la dispense de deux autres
« bans accordée par ledit seigneur d'Evreux, dattée du 27 du

« mois dernier et controllée le même jour par l'Escalier, vû
« ban aussi publié dans cette église le 26 du mois dernier, vu
« aussi la dispense de deux autres bans aussi accordée par
« Mgr le Cardinal de Noailles, notre archevêque, signé Louis-
« Ant. Card. de Noailles et plus bas Chevallier, dattée du 27
« du mois dernier et controllée le même jour par Fournier,
« aussy après les fiançailles célébrées le jour d'auparavant, ce
« même jour ont été mariez par nous prêtre docteur en théo-
« logie de la maison et société de Sorbonne, curé de cette
« église soussigné, messire Pierre-Christophe d'Aureville, che-
« valier, seigneur de la Pillette, la Beltière, Lassier, de Vaux
« et autres lieux, fils de défunt messire François d'Aureville,
« chevalier, seigneur de la Pillette, la Beltière, de Lassier, de
« Vaux et autres lieux, et de dame Anne Mauduit, ses père et
« mère, d'une part, de la paroisse de Mélicourt, diocèze d'E-
« vreux ; et demoiselle Marie-Denise de Malon, fille de défunt
« messire Amable de Malon, chevalier, seigneur de Croische,
« commissaire ordinaire provincial des guerres de la généra-
« lité de Limoges, et de dame Catherine-Elisabeth Veret, ses
« père et mère de cette paroisse St-Louis, en l'Isle, à Paris,
« d'autre part ; et ils ont de nous susdit curé, reçu la bénédic-
« tion nuptiale, après avoir pris leur consentement mutuel.
« Ont assisté pour témoins, messire Jean-Amable-Paul de Ma-
« lon, chevalier, seigneur de Croische, commissaire ordinaire
« provincial du Limousin, frère de l'épouse, Nicolas-Antoine
« Aubourg, escuier, seigneur de Vadancourt, messire Louis de
« Bethancourt, chevalier, seigneur de (Randilloir), du (Quéné)
« et autres lieux, Phillippes Tribouleau, escuier, seigneur de
« Condi, conseiller du Roy, président au bureau des finances
« de la généralité de Paris, tous cousins de l'épousée, messire
« Louis de la Ruelle de Nanteuil, mestre de camp de cavale-
« rie et chevalier de l'ordre de St-Louis, et madame de Malon,
« mère de l'épouse, et madame de la Beltière, mère de l'époux,
« et ils ont tous signé avec les susdits époux et épouse.
   « Collationné à l'original et certifié véritable par moy prêtre
« docteur en théologie, vicaire de la paroisse St-Louis à Pa-
« ris ce quatre juillet 1729. »

                              « Signé : Pillon. »

5° Jean-Amable-Paul de Malon, seigneur de Croisches, chevalier de justice de l'ordre royal et hospitalier de Notre-Dame-du-Mont-Carmel et de St-Lazare de Jérusalem (1).

6° Charles-Gabriel de Malon, escuier, l'un des chevau-légers de la garde du Roi, reçu le 2 juin 1754 par le duc de Chaulmes pair de France.

La branche cadette qui possède le domaine de Bercy.

1° Charles de Malon, escuier, conseiller au Parlement de Paris, marié en 1583.

2° Son fils, Henry-Charles de Malon de Bercy, président au Parlement de Paris.

3° Henry-Charles de Malon de Bercy, président au grand conseil.

4° Anne-Louis de Malon de Bercy, maître des requêtes, intendant à Lyon, seigneur de Conflans, cy devant conseiller au Parlement.

5° Charles-Henry de Malon de Bercy, conseiller d'Etat, intendant des Finances, gendre de M. Desmarets, contrôleur général des Finances, cy devant conseiller au Parlement.

6° Nicolas de Malon, maître des requêtes, gendre de M. de Baudry, intendant des Finances.

Nous avons constaté à plusieurs reprises l'existence de relations différentes entre la famille de Malon et la famille d'Aureville ou les familles alliées (2), mais il ne nous a pas été permis de les identifier d'une manière suffisante pour les rapporter ici.

Je termine donc mon modeste travail, heureux d'avoir pu commencer à faire revivre les anciennes gloires de ma chère paroisse, plein de confiance dans l'avenir qui me réserve certainement de nouvelles découvertes et de votre part la même bienveillance et les mêmes encouragements.

A. BABOIN, curé de Mélicourt.

---

(1) Ordre institué par le Roy Henri le Grand vers l'an 1607. Cet ordre était composé de cent gentishommes français, nobles de quatre races tant paternelles que maternelles ; ils marchaient à la guerre aux côtés du Roy. Ils portaient sur le côté gauche de leur manteau une croix de velours à l'orle d'argent, au milieu, en rond, l'image de la Vierge Marie. Ils portaient au cou une croix d'or.

(2) Voyez la 5e génération de la famille Le Prévost.

www.ingramcontent.com/pod-product-compliance
Lightning Source LLC
Chambersburg PA
CBHW060708050426
42451CB00010B/1328